BEI GRIN MACHT SICH IHR WISSEN BEZAHLT

- Wir veröffentlichen Ihre Hausarbeit, Bachelor- und Masterarbeit

- Ihr eigenes eBook und Buch - weltweit in allen wichtigen Shops

- Verdienen Sie an jedem Verkauf

Jetzt bei www.GRIN.com hochladen und kostenlos publizieren

Ricarda Albrecht

Resilienzforschung: Wie Kinder Entwicklungsrisiken überwinden

GRIN Verlag

Bibliografische Information der Deutschen Nationalbibliothek:

Die Deutsche Bibliothek verzeichnet diese Publikation in der Deutschen Nationalbibliografie; detaillierte bibliografische Daten sind im Internet über http://dnb.d-nb.de/ abrufbar.

Dieses Werk sowie alle darin enthaltenen einzelnen Beiträge und Abbildungen sind urheberrechtlich geschützt. Jede Verwertung, die nicht ausdrücklich vom Urheberrechtsschutz zugelassen ist, bedarf der vorherigen Zustimmung des Verlages. Das gilt insbesondere für Vervielfältigungen, Bearbeitungen, Übersetzungen, Mikroverfilmungen, Auswertungen durch Datenbanken und für die Einspeicherung und Verarbeitung in elektronische Systeme. Alle Rechte, auch die des auszugsweisen Nachdrucks, der fotomechanischen Wiedergabe (einschließlich Mikrokopie) sowie der Auswertung durch Datenbanken oder ähnliche Einrichtungen, vorbehalten.

Impressum:

Copyright © 2007 GRIN Verlag GmbH
Druck und Bindung: Books on Demand GmbH, Norderstedt Germany
ISBN: 978-3-656-42359-1

Dieses Buch bei GRIN:

http://www.grin.com/de/e-book/213747/resilienzforschung-wie-kinder-entwicklungs-risiken-ueberwinden

GRIN - Your knowledge has value

Der GRIN Verlag publiziert seit 1998 wissenschaftliche Arbeiten von Studenten, Hochschullehrern und anderen Akademikern als eBook und gedrucktes Buch. Die Verlagswebsite www.grin.com ist die ideale Plattform zur Veröffentlichung von Hausarbeiten, Abschlussarbeiten, wissenschaftlichen Aufsätzen, Dissertationen und Fachbüchern.

Besuchen Sie uns im Internet:

http://www.grin.com/

http://www.facebook.com/grincom

http://www.twitter.com/grin_com

Universität Potsdam
Institut für Erziehungswissenschaft
Einführung in die Erziehungswissenschaft
im WS 2006/2007

Resilienzforschung:
Wie Kinder Entwicklungsrisiken
überwinden

vorgelegt von:
Ricarda Albrecht
Studiengang: B.A. Erziehungswissenschaft /Soziologie
Semester: 1

Abgabedatum :
08.02.2007

Inhalt

1. Einleitung..2
2. Die Blickrichtung der neueren Resilienzforschung................................2
   2.1 Charakteristika des Resilienzkonzepts...3
   2.2 Empirische Forschungsbefunde...3
   2.3 Zukünftige Forschungsperspektive..4
   2.4 Perspektivenwechsel der Resilienzforschung..................................6
3. Resilienz - Kritik und Perspektiven..7
   3.1 Resilienzforschung..7
   3.2 Resilienz, Bildung und soziale Ungleichheit...................................8
   3.3 Perspektiven und Kritik..9
4. Resilienz - Forschung, begünstigende Faktoren und Förderung...........9
5. Schlussfolgerungen..11
6. Literaturverzeichnis...13

1. Einleitung

In unserer heutigen Gesellschaft mit circa 4,3 Millionen Arbeitslosen leben viele Familien in Armut. Jede zweite Ehe wird geschieden. Dies sind zwei Meldungen, die verstärkt in das öffentliche Bewusstsein treten. Entwicklungsrisiken wie permanenter Stress durch Armut oder Brüche, wie dem Verlust der Eltern, sind für Kinder schwer zu verkraften. Sie können zu Störungen bei dem Kind führen, welche seine Entwicklung stören. Dennoch gibt es eine Vielzahl, die trotz solcher Schicksalsschläge Problemlösestrategien entwickelt. Diese Überwindung von Entwicklungsrisiken wird Resilienz genannt und ist sowohl Thema des Textes von Corina Wustmann: „Die Blickrichtung der neueren Resilienzforschung" als auch des Textes von Thomas Gabriel: „Resilienz - Kritik und Perspektiven", die in dieser Arbeit gegenübergestellt werden sollen. Dabei gehe ich der Frage nach, was die heutige Resilienzforschung ist und genauer, welche Faktoren zur Bildung von Resilienz führen. Auch soll die Förderung der Resilienzbildung im Hinblick auf solche Faktoren untersucht werden.

2. Die Blickrichtung der neueren Resilienzforschung

Die Diplom-Pädagogin Corina Wustmann definiert in ihrem Text Resilienz als die Stärke des Menschen, Lebenskrisen ohne langwierige psychische Folgen zu überstehen. So werden Kinder als resilient bezeichnet, die widerstandsfähig gegenüber Risikofaktoren in der Entwicklung, wie z.B. Armut, Verlust und Traumata, sind. Widrige Lebensumstände und Entwicklungsaufgaben werden überwunden, so dass sich das Kind zu einem erfolgreich sozialisierten Erwachsenen entwickeln kann. Im Verlauf ihrer Ausführungen geht die Autorin auf die Charakteristika des Resilienzkonzepts, auf empirische Forschungsbefunde, auf zukünftige Forschungsperspektiven, auf den Perspektivenwechsel in der Resilienzforschung sowie auf Ansatzpunkte zur Resilienzförderung ein.

2.1 Charakteristika des Resilienzkonzepts

Wustmann kennzeichnet Resilienz als einen dynamischen Anpassungs- und Entwicklungsprozess[1]. Dies meint, dass die wechselseitigen Wirkungen zwischen Kind und Umwelt zum Erwerb von Resilienz beitragen. Die Umwelt stellt dabei Situationen und Probleme bereit, durch deren erfolgreiche Bewältigung durch das Kind es in seiner Entwicklung und Ausbildung von Resilienz gestärkt wird. Somit kann das Kind späteren Risiken besser begegnen. Die Rolle des Kindes ist es hingegen, seine Umwelt selbst einzurichten und zu gestalten. Wustmann stützt sich dabei auf die Kauai-Längsschnittstudie[2], in der erforscht wurde, wie sich Kinder eine Lebensumwelt konstruieren, in der sie selber geschützt und ihre Fähigkeiten gestärkt werden. Resilienz stellt eine variable Größe[3] dar, eine Form der Widerstandsfähigkeit, die sich prozesshaft entwickelt. Gemeint ist hier die Veränderlichkeit dieser Widerstandsfähigkeit. Ein Kind das sich resilient gegenüber einem Problem gezeigt hat, kann im Verlauf seiner Entwicklung neue Formen der Empfindlichkeit gegenüber neuen risikobehafteten Einflussfaktoren zeigen. Resilienz ist also kein einmal erlernter und dauerhaft anhaltender Prozess, sondern variiert in verschiedenen Situationen und Lebensbereichen. Wustmann charakterisiert Resilienz außerdem als situationsspezifisch und multidimensional[4]. Resilienz ist demnach abhängig von bestimmten Umständen. Wenn ein Kind in einer bestimmten Situation Resilienz zeigt, kann dies nicht darauf übertragen werden, dass es sie in einer anderen auch zweifellos zeigen wird.

2.2 Empirische Forschungsbefunde

Wustmann benennt verschiedene Faktoren, die Resilienz begünstigen und kennzeichnen. Zunächst behandelt sie die „personalen Ressourcen"[5] im Zusammenhang mit der oben erwähnten Kauai-Längsschnittstudie von Werner und Smith, bei welcher der Geburtsjahrgang von 1955 auf der hawaiianischen Insel Kanai über einen Zeitraum von 40 Jahren in Form eines Vergleiches zwischen den

---

[1] Wustmann, Corina: Die Blickrichtung der neueren Resilienzforschung, Z.f.Päd., 51. Jahrgang 2005, Heft 2, S.193
[2] Vgl. Werner und Smith (2001)
[3] Wustmann (2005) S.194
[4] Wustmann (2005) S.194
[5] Wustmann (2005) S.195

resilienten und den nichtresilienten Kindern untersucht wurde. Die resilienten Kinder wurden in dieser Studie als aufgeschlossen, selbständig, neugierig und lieb, sowie ihre Entwicklung als problemlos beschrieben. Im Vergleich zu nichtresilienten Kindern wurden sie als weiter entwickelt in Bereichen wie Kommunikation und Berwegungsfähigkeit, sowie hinsichtlich ihrer sozialen Kontakte und Bindungen charakterisiert. Auch als sie älter wurden zeigten die resilienten Kinder ein besseres Problemlöseverhalten und ein höheres Leistungsvermögen in der Schule, mit dem sie Probleme im familiären Leben ausglichen. Sie wiesen eine positivere Einstellung zum Leben auf, waren reifer und aktiv bemüht Risikofaktoren zu bewältigen. Aufgrund dieser Bewältigungsfähigkeiten waren sie durch eine höhere Sozialkompetenz gekennzeichnet, da sie bei Problemen oft gezwungen waren anderen zu helfen oder wichtige Aufgaben und Verantwortung zu übernehmen. Neben diesen personalen Ressourcen sind die „sozialen Ressourcen"[6] ein weiterer Faktor, der Resilienz kennzeichnet. Hier hebt Wustmann vor allem die engen Beziehungen der resilienten Kinder der Kauai-Längsschnittstudie zu Bezugspersonen hervor. Diese Bindungen waren vor allem schützend für das Kind, wenn sie gekennzeichnet waren durch „Wertschätzung, Respekt und Akzeptanz dem Kind gegenüber"[7]. Waren die Beziehungen zu den Eltern risikobehaftet, so waren es oft die Großeltern, die Geschwister oder Personen außerhalb der Familie, so z.B. Lehrer, durch die die Kinder Fürsorge und Unterstützung erfuhren und mit denen sie sich identifizierten. Auch die Schule, als ein Ort der Zuflucht und des Schutzes, spielte bei vielen resilienten Kindern eine große Rolle. Hier wurde ihnen Verantwortung übertragen, eine durch Regeln geordnete Gemeinschaft geboten, soziale Beziehungen zu Gleichaltrigen gefördert und Persönlichkeit, Selbstschätzung und Selbständigkeit des Kindes gestärkt.

2.3 Zukünftige Forschungsperspektive

In diesem Abschnitt behandelt die Autorin verschiedene „Wirkprozesse und Mechanismen"[8] der Umstände, die entweder dazu führen, dass Kinder Störungen entwickeln oder sich positiv weiter entwickeln können. Wustmann übernimmt hier

---

[6] Wustmann (2005), S.197
[7] Wustmann (2005), S.198
[8] Wustmann (2005), S.199

die Unterscheidung zwischen einem „Risiko-Indikator" und einem „Risiko-Mechanismus" nach Rutter[9]. Es sind nicht die Risikofaktoren an sich, die ein Kind in seiner Entwicklung gefährden. Sie sind lediglich „Risiko-Indikatoren", die auf verschiedene, für die Entwicklung des Kindes gefährliche, Prozesse und Mechanismen hinweisen. Sie werden als „Risiko-Mechanismen" bezeichnet und haben zum Risikofaktor geführt, beziehungsweise gehen mit ihm einher. Um das im Text aufgeführte Beispiel aufzugreifen: nicht der Risikofaktor Scheidung ist das eigentliche Problem, sondern die angespannte familiäre Situation und die Konflikte die zur Scheidung führten, sowie die Probleme die nach der Scheidung auf das Kind zukommen. Auch haben Risikofaktoren und -situationen verschiedene Auswirkungen, die abhängig von der individuellen Person und Situation sind. Bei einigen Kindern wirken die gleichen Faktoren schützend, die sich bei anderen negativ auswirken.

Ebenso wird das „Rahmenmodell von Resilienz" nach Kumpfer[10] vorgestellt, in dem dieser sechs Dimensionen veranschaulicht, die die Entwicklung von Resilienz bedingen. Dies wiederum unterteilt er in vier Einflussbereiche und zwei Transaktionsprozesse. Der erste Einflussbereich ist der akute Stressor, das für die Entwicklung risikoreiche Ereignis, das den gesamten Prozess der Resilienzbildung in Gang setzt. Hinzu kommen nun die Umweltbedingungen, die entweder das Risiko für das Kind erhöhen oder zum erfolgreichen und bewältigenden Umgang mit dem Risikofaktor beitragen. Diese Umweltbedingungen können somit entweder Risikofaktoren oder Schutzfaktoten sein. Nun tritt der erste Transaktionsprozess in kraft: das Zusammenspiel von Person und Umwelt. Eine weitere Dimension sind die personalen Merkmale des Kindes. Dies sind die Eigenschaften des Kindes, die für die Bildung von Resilienz nötig sind. Anschließend erfolgt der zweite Transaktionsprozess: das Zusammenspiel von Person und Entwicklungsergebnis, der den Bewältigungsprozess beinhaltet. Das entstehende Entwicklungsergebnis ist bei der Resilienz die erfolgreiche Bewältigung des Entwicklungsrisikos ohne Störungen, die das Kind davon trägt. Es entwickelt sich normal weiter und kann zukünftig besser mit Risikosituationen umgehen. Eine positive Anpassung ist erfolgt. Die beiden Transaktionsprozesse des Modells müssen allerdings noch weiter erforscht werden, da ihr genauer Verlauf noch nicht bekannt ist. Dies soll neben einer Einigung über

---

[9] Wustmann (2005), S.199
[10] Vgl. Kumpfer (1999)

allgemein geltende Grundlagen, Begriffe und Zusammenhänge bei Resilienz die Aufgabe der weitern Resilienzforschung sein. Denn es besteht in der aktuellen Forschung kein Konsens, wann von Resilienz gesprochen werden kann Noch ist man sich nicht einig, ob Resilienz die Abwesenheit von Störungen oder die erfolgreiche altersgemäße Entwicklung bedeutet. Außerdem fehlt es in der Forschung an einem Modell das nicht nur den Prozess beschreibt, sondern ihn auch erklären kann.

2.4 Perspektivenwechsel der Resilienzforschung

Die Resilienzforschung versucht herauszufinden, auf welche Weise kritische Situationen in der Entwicklung erfolgreich bewältigt werden, wobei nicht mehr nur Probleme des Kindes im Mittelpunkt stehen, sondern die positiven Fähigkeiten und Stärken die das Kind dabei demonstriert. Es geht in der neueren Resilienzforschung also darum, herauszufinden, wie diese Fähigkeiten entwickelt werden können und wie das Kind dabei zu unterstützen ist. Legte diese Forschung ihr Augenmerk noch zuvor auf die reine Beseitigung der Probleme, so wird nun gefragt, was die inneren Antriebe sind, die das Kind selbständig die Kraft finden lassen, den Weg der erfolgreichen Bewältigung zu gehen. Es ist nicht mehr nur der von schweren Schicksalsschlägen Betroffene, sondern wird als selbst handelnd und die eigene Entwicklung aktiv voranbringend betrachtet. Allerdings wird nicht außer acht gelassen, dass Hilfe und Unterstützung weiterhin extrem wichtig in dieser Entwicklung sind, da besonders Kinder auf Personen angewiesen sind, die ihnen Halt bieten. Hier betont die Autorin wie wichtig Präventionsmaßnahmen für das Kind sind. Das soziale Umfeld sowie Orte der Geborgenheit spielen eine große Rolle wenn es darum geht, zu vermeiden, dass das Kind Schickalsschläge und Belastungen nicht richtig bewältigen kann. Somit stehen nicht mehr die Probleme des Kindes im Mittelpunkt der Resilienzforschung, sondern dessen Ressourcen, die aus seiner Konstitution und aus seinem sozialen Umfeld erwachsen. Denn diese tragen dazu bei, dass es vorhandene Entwicklungsrisiken ohne negative Folgen übersteht.

Bei der Resilienzförderung in der Bildungs- und Erziehungspraxis soll mittels Präventionsmaßnahmen eine Einschränkung des Risikos für das Kind erreicht werden. Die inneren Kräfte des Kindes, die zur Bewältigung nötig sind, müssen daher gestärkt werden. Dies soll vorallem durch Stärkung seiner Selbständigkeit und seines Selbstbewusstseins, sowie seiner Fähigkeit Probleme zu lösen, mit Stress umzugehen und Mitgefühl zu entwickeln, geschehen. Auch im sozialen Umfeld soll sich die Vorsorge zeigen, indem dem Kind ein hohes Maß an Hilfsquellen und Möglichkeiten, feste Bindungen aufzubauen, geboten werden. Der Erziehende soll einen autoritären Erziehungsstil verfolgen, aber auch dem Kind als gutes Vorbild dienen. All diese Faktoren sollen beitragen, um die Rezilienz bei dem Kind zu fördern.

3. Resilienz – Kritik und Perspektiven

Gabriel beschreibt in diesem Text welche Faktoren dazu führen, dass Resilienz gebildet wird. Er distanziert sich von der früheren Meinung, das Individuum selber würde Resistenz aktiv herausbilden, sondern betont die Rolle der äußeren Faktoren bei diesem Prozess. Des Weiteren erläutert er im Verlauf seiner Ausführungen wie Resilienz sich beim Individuum in Form von positiven Eigenschaften äußert. Allerdings behandelt er auch Probleme, die mit der Resilienzforschung einhergehen und gibt Anregungen, worauf diese in Zukunft ausgelegt sein sollte.

3.1 Resilienzforschung

Resilienz ist die erfolgreiche Widerstandsfähigkeit gegen und Bewältigung von risikoreichen Umständen in der Entwicklung. In ihren Ansätzen tauchte Resilienz als Nebenbefund verschiedener Studien auf, in Form von unerwarteten Fällen der Widerstandsfähigkeit und der störungsfreien positiven Entwicklung von Kindern die Entwicklungsrisiken begegneten. Es wurden gezielte Studien zur Resilienz durchgeführt, die dieses Phänomen belegten. Allerdings wird eingeräumt, dass, auch wenn eine Person lange Zeit Resilienz gezeigt hat, diese nicht ein ganzes Leben lang bestehen muss. Resilienz ist also keine dauerhaft erlernte Fähigkeit. Exemplarisch ist die Kaui-Längsschnittstudie von Werner und Smith[11], in der auch die Bedeutung der sozialen Faktoren und Probleme auf die Entwicklung des Kindes untersucht wurde. Ein drittel der Kinder die Entwicklungsrisiken schon im frühen Alter begegneten wurden resilient und wiesen Vorteile auf gegenüber denen, die solche

---

[11] Vgl. Werner und Smith (2001)

Entwicklungsrisiken nicht erfolgreich bewältigen konnten. Die Gruppe der resilienten Kinder zeigte dabei in den ersten Jahren eine stärkere Bindung zu Bezugspersonen, sowie ein positiver ausgeprägtes Sozialverhalten. Auch in verschiedenen anderen Persönlichkeitsmerkmalen hatten sie den nichtresilienten Kindern gegenüber positivere und stärker ausgeprägte Eigenschaften. Auch im Jugendalter setzte sich dieser Trend fort. Sie waren selbständiger, selbstbewusster und verantwortungsbewusster. Ihre sozialen Netzwerke waren stärker ausgeprägt. Auffallend war, dass diese Jugedndlichen nicht so sehr an die geschlechtstypischen Verhaltensmerkmale gebunden waren. Die weiblichen Jugendlichen, als auch die männlichen zeigten im Vergleich zu den nichtresilienten Jugendlichen stärker ausgeprägte Merkmale des jeweils anderen Geschlechts. Auch im späteren Leben waren sie zufriedener. Als Kritik an dieser Studie wird jedoch angeführt, dass sie die einzelnen Faktoren, die Resilienz begünstigen oder stören, isoliert betrachtet. Zwischen ihnen besteht jedoch ein gegenseitiges Wechselspiel, bei dem der eine Faktor den anderen verstärken oder aber auch aufheben kann. Ratsam ist es hier, dass Augenmerk auf Übergänge zwischen Lebensabschnitten und Lebenskontexte[12] zu lenken, um herauszufinden, wie Resilienz funktioniert.

3.2 Resilienz, Bildung und soziale Ungleichheit

Resilienzbildung steht in enger Verknüpfung zum Individuum. Es ist eine Eigenschaft des Individuums, jedoch ist es nicht nur das Individuum selbst, dass Resilienz hervorbringt, sondern vielmehr das soziale Umfeld. Umso wichtiger ist es, die Resilienzforschung nicht danach auszulegen, was das Individuum für Anlagen hat, sondern Faktoren wie Erziehung, Bindungen und Bildung mit ein zu beziehen. Es wird jedoch davon ausgegangen, dass die Unterstützung durch das soziale Umfelderst dann zum Schutz wird, wenn das Individuum sich unmittelbar einem Entwicklungsrisiko ausgesetzt sieht. Die oben erwähnten positiven Eigenschaften in Bezug auf die soziale Einbettung der resilienten Kinder beruhen demnach nicht auf ihren Anlagen, sondern sie haben sie erworben als sie den negativen Erlebnissen ausgesetzt waren. Demnach lässt sich annehmen, dass schützende Faktoren variabel sind, da sie nicht unter allen Umständen gleich wirken. Ein weiterer wichtiger Aspekt ist die soziale Ungleichheit, besonders die Betrachtung der Auswirkungen

---

[12] Gabriel, Thomas: Resilienz- Kritik und Perspektiven, Z.f.Päd., 51. Jahrgang 2005, Heft 2, S.212

des sozialen Ausschlusses auf das Individuum und die Gruppe. Aufgabe der Sozialpädagogik ist es hier, dies zu analysieren und Wege zu finden solchen Ausschluss zu vermeiden. Als besonders gefährlich für die Entwicklung des Kindes werden dabei langanhaltende Risikofaktoren wie Armut gewertet, da diese besonders intensiv wirken. Mit der Armut einher geht allerdings auch die soziale Ungleichheit der Betroffenen.

3.3 Perspektiven und Kritik

Hervorzuheben ist nach wie vor der hohe Einfluss äußerer Faktoren bei der Resilienzbildung. Umso mehr Wert muss gelegt werden auf Faktoren wie Erziehung, Bildung und soziale Netzwerke. Beispielsweise muss dem auch in Institutionen wie Heimen mehr Beachtung geschenkt werden, da in den meisten Fällen die Elternarbeit vernachlässigt wird. Auch ist es nicht möglich mithilfe der Resilienz den sozialen Aussschluss eines Individuums zu rechtfertigen. Es muss allgemein geklärt werden, dass Resilienz nicht allein vom Individuum ausgeht und die Fähigkeit dazu nicht einfach in diesem veranlagt ist, denn dies würde das Bild vermitteln, nichtresiliente Personen seien krank. Vielmehr ist es wichtig die äußeren Faktoren, die die Entwicklung von Resilienz bedingen zu analysieren und zu fördern und sie somit in den Mittelpunkt der Forschung zu stellen.

4. Resilienz: Forschung, begünstigende Faktoren und Förderung

Beide Texte stimmen in ihren wesentlichen Punkten miteinander überein, wenn die Schwerpunkte und Vertiefungen der Autoren doch auf verschiedenen Aspekten liegen. Zunächst definieren beide Texte Resilienz als die erfolgreiche Bewältigung von Entwicklungsrisiken. Wustmann ist der Ansicht, dass nicht die negativen Erlebnisse selber, das Risiko für das Kind darstellen, sonder die Mechanismen und Prozesse, die dadurch ausgelöst werden. In ihren Ausführungen geht sie auf die Kauai-Längsschnittstudie ein und erläutert anhand dieser welche positiven Eigenschaften und Stärken resiliente Kinder ausbilden. Das gleiche vollzieht auch Gabriel in seinem Text, wobei die Beispiele dafür oft genau übereinstimmen. Die resilienten Kinder werden als besonders selbständig, selbstbewusst und aufgeschlossen dargestellt. Bemerkenswert ihr besseres Problemlöseverhalten und Leistungsvermögen im Vergleich zu nichtresilienten Kindern sowie ihre positive Einstellung zum Leben. Besonders heben beide Autoren hier die engen sozialen Kontakte und Bindungen zu Bezugspersonen der resilienten Kinder hervor. Auch sind sich beide Autoren darüber einig, dass Resilienz keine dauerhafte Eigenschaft ist und die Faktoren variabel sind sowie darüber, dass die Faktoren, die Resilienz fördern unter verschiedenen Umständen unterschiedlich wirken und im Wechselspiel miteinander stehen. Wustmann behauptet, dass die wechselseitigen Wirkungen zwischen Kind und Umwelt zum Erwerb von Resilienz beitragen. Die Umwelt begübstigt dabei die Ausbildung von Resilienz. Sie stellt ebenso dar, dass in der neueren Resilienzforschung nicht mehr nur die Probleme des Kindes im Mittelpunkt stehen, sondern, dass es darum geht, herauszufinden, wie diese Fähigkeiten entwickelt werden können und wie das Kind dabei zu unterstützen ist. Somit stehen nicht mehr die Probleme des Kindes im Mittelpunkt der Resilienzforschung, sondern dessen Ressourcen, sowie die seines sozialen Umfeldes, die dazu beitragen, dass es die Entwicklungsrisiken ohne negative Folgen übersteht. Wustmann sieht die zukünftige Aufgabe der Resilienzforschung darin, diesen Zusammenhang genauer zu analysieren und diese äußeren Faktoren zu fördern. Dies ist auch das Hauptanliegen, das Gabriel an die Resilienzforschung hat. Des Weiteren ist er der Meinung, man solle, um herauszufinden wie Resilienz funktioniert, die Übergänge zwischen Lebensabschnitten und Lebenskontexten näher betrachten. Wustmann stellt hier eher den Anspruch, nach einer Einigung auf allgemein geltende Grundlagen und Begrifflichkeiten in der weiteren Resilienzforschung. Vorallem die Uneinigkeit über die Definition von Resilienz steht dabei im Mittelpunkt. Die Aufgabe bei der Resilienzförderung soll es nach Wustmann sein, die inneren Kräfte des Kindes, die zur Bewältigung nötig sind, zu fördern. Dies soll durch Stärkung des Selbstbewusstseins und der Selbständigkeit geschehen. Im sozialen Umfeld soll dem Kind ausreichend Hilfe und Binddungsmöglichkeiten geboten werden. Der Erziehende soll hierbei als Vorbild fungieren und einen autoritären Erziehungsstil verfolgen. Auch Giddens ist hinsichtlich der Resilienzförderung der Meinung, man müsse mehr Wert legen auf Bildung, Erziehung und soziale Netzwerke. Hier liefert er ein konkretes Beispiel, wenn er kritisiert, dass die Elternarbeit in den Heimen vernächlässigt würde. Allerdings ist er auch davon überzeugt, dass die soziale Ungleichheit einen großen Einfluss hat, da sie dazu führt dass Kinder ausgeschlossen werden. Solch ein Ausschluss soll vermieden werden, da er der Resilienz im Wege steht.

5. Schlussfolgerungen

Zwischen den Texten lassen sich viele Parallelen ziehen. Liegen auch die Schwerpunkte beider Texte an anderer Stelle, so lassen sich inhaltliche generelle Übereinstimmungen finden. So ist das Verständnis von Resilienz, als erfolgreiches Überwinden von Entwicklungsrisiken ohne Störungen davon zu tragen, das gleiche und auch über den hohen Einfluss äußerer Faktoren, die Resilienz fördern sind sich die beiden Autoren einig. Zur Darstellung des Erscheinungsbildes von Resilienz berufen sich beide auf die Kauai-Längsschnittstudie. Die Texte liefern demnach eine gute Einführung in das Themengebiet der Resilienzforschung und liefern einen guten Überblick. Beide Texte behandeln die Faktoren die zur Resilienzbildung führen und die Resilienzförderung allerdings nur allgemein. Gerade die nähere Betrachtung der Arten der Resilienzförderung wäre meiner Meinung nach interessant gewesen, da die Unterstützung der Kinder im Mittelpunkt der Forschung steht. Es ist zwar in beiden Texten die Rede davon, dass man die sozialen Bindungen fördern, Hilfsquellen bieten und verstärkt auf die Förderung in der Erziehung und Bildung eingehen soll, jedoch werden bis auf das Beispiel der Heime von Giddens keine detaillierten Anregungen zur Arbeit mit resilienten Kindern gegeben. Offen bleibt also die Frage, wie genau eine solche Förderung aussehen sollte. Wie verhält es sich zum Beispiel mit der Aufklärung der Lehrer und Erzieher. Diese sollen den Kindern verständnisvoll und engagiert begegnen und ihnen als Bindungsperson zur Verfügung stehen. Hierfür müssen sie sich ihrer Rolle bei der Resilienzbildung bewusst gemacht werden. Ein anderer Aspekt ist der Umgang mit solchen Kindern. Hier wären Anregungen wie Problembesprechungen bei denen die Stärken des Kindes hervorgehoben werden und Projektarbeiten wichtig, denn diese sind Methoden für die im Text so hervorgehobene Notwendigkeit der Stärkung von Selbstbewusstsein und Selbständigkeit. Auch Empfehlungen für das Unterrichtsmaterial wären hilfreich.

Wird auch ein guter wissenschaftlicher Überblick über das Thema Resilienz gegeben, bleiben doch solche tiefergehenden Fragen zur Resilienzförderung, die von besonderer Wichtigkeit im praxisnahen Umgang mit dem Thema sind, unbeantwortet. Ein näherer Bezug zwischen Wissenschaft und Praxis wäre meiner einung nach ein interessanter Aspekt gewesen, da bei der Betrachtung der beiden Texte die Frage nach der Praxisnähe offen bleibt.

6. Literaturverzeichnis

Gabriel, Thomas: Resilienz- Kritik und Perspektiven, Z.f.Päd., 51. Jahrgang 2005, Heft 2, S.207-217

Kumpfer, K.L. (1999): Factors and processes contributing to resilience: The resilience framework. In: Glantz, M.D./Johnson, J.L.(Hrsg.): Resilience and development: Positive life adaptations. New York: Kluwer Academic/Plenum Publisher, S. 179-224

Werner, E.E./ Smith, R. (2001): Journeys from childhood to midlife: Risk, resilience and recovery. I: Cornell University Press

Wustman, Corina: Die Blickrichtung der neueren Resilienzforschung, Z.f.Päd., 51. Jahrgang 2005, Heft 2, S.192-206